Excavar: Una obra de construcción

Lisa Greathouse

First hardcover edition published in 2017 by Capstone Press
1710 Roe Crest Drive, North Mankato, Minnesota, 56003
mycapstone.com

Published in cooperation with Teacher Created Materials. Teacher Created Materials is copyright owner of the content contained in this title.

Based on writing from TIME For Kids. TIME For Kids and the TIME For Kids logo are registered trademarks of TIME Inc. Used under license.

Credits
Dona Herweck Rice, *Editor-in-Chief*
Lee Aucoin, *Creative Director*
Robin Erickson, *Designer*
Connie Medina, *M.A.Ed., Managing Editor*
Stephanie Reid, *Photo Editor*
Rachelle Cracchiolo, *M.S.Ed., Publisher*

Library of Congress Cataloging-in-Publication data is available on the Library of Congress website.
ISBN: 978-1-5157-5175-5

Image Credits
Cover Morgan Lane Photography/Shutterstock; p.3 Franck Boston/iStockphoto; p.4 kryczka/iStockphoto; p.5 top to bottom: Guchi81/Shutterstock; Dimitris M. Stephanides/iStockphoto; JamesBrey/iStockphoto; auremar/Shutterstock; Sandra Cunningham/Shutterstock; p.6 top to bottom: Franck Boston/iStockphoto; Junial Enterprises/Shutterstock; p.7 Denisenko/Shutterstock; p.8 ez_thug/iStockphoto; p.9 top to bottom: Pascal RATEAU/Shutterstock; Sam DCruz/Shutterstock; Yudesign/Dreamstime; p.10 Orchidflower/Shutterstock; p.11 left: Lisa F. Young/Shutterstock; right top to bottom: Olivier Le Queinec/Shutterstock; Stephen Coburn/ Shutterstock; Daisy Daisy/Shutterstock; p.12 top: Henryk Sadura/Shutterstock; Dmitry Kalinovsky/Shutterstock; Zsöllér Ervin/Shutterstock; p.13 top to bottom: North Wind Picture Archives/Alamy; Cyclopaedia, vol. 2 (1728) via Wikipedia; p.14 top to bottom: D4Fish/iStockphoto; duckycards/iStockphoto; BanksPhotos/iStockphoto; p.15 prism68/Shutterstock; p.16 top to bottom: Petegar/iStockphoto; Lisa F. Young/Shutterstock; p.17 Errol Brown/iStockphoto; p.18 top: Anne Kitzman/Shutterstock; bottom: Monkey Business Images/Shutterstock; background: Martin Muránsky/Shutterstock; p.19 top to bottom: jhorrocks/iStockphoto; moor17/iStockphoto; p.20 Nancy Louie/iStockphoto; p.21 left: negaprion/iStockphoto; right: BanksPhotos/iStockphoto; p.22 top left: Konstantin L/Shutterstock; top right: James Brey/iStockphoto; bottom left: Linda Johnsonbaugh/Shutterstock; bottom right: Cheryl Casey/Shutterstock; p.23 top to bottom: jpa1999/iStockphoto; Ralph125/iStockphoto; p.24 top to bottom: Lisa F. Young/Shutterstock; auremar/Shutterstock; Blend Images/Shutterstock; DNY59/ iStockphoto; p.25 Don Nichols/iStockphoto; p.26 Ilike/Shutterstock; p.27 top to bottom: auremar/Shutterstock; Lilyana Vynogradova/Shutterstock; Paul Maguire/Shutterstock; p.28 top left: lissart/iStockphoto; top right: ImageInnovation/iStockphoto; bottom: Ingrid Balabanova/Shutterstock; p.29 wavebreakmedia ltd./ Shutterstock; p.32 Edwin Verin/Shutterstock; background: lemony/Shutterstock; Guchi81/Shutterstock; back cover: Morgan Lane Photography/Shutterstock

Consultant

Timothy Rasinski, Ph.D.
Kent State University

Printed in the United States of America.
010410F17

Tabla de contenido

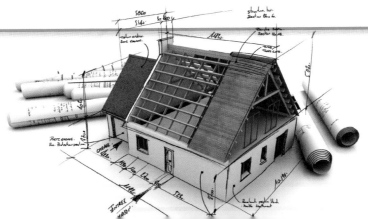

Visita a una obra de construcción

¡Colóquense sus cascos! Visitaremos una obra de construcción. El equipo de construcción se prepara para construir una casa. Pero la planificación comenzó mucho antes de que llegara el equipo.

El arquitecto

El proceso comienza con un **arquitecto**. Es la persona que diseña las casas. También diseña otras estructuras tales como rascacielos y puentes. Los

arquitectos hacen mucho más que planificar el aspecto de una casa. Quieren que las casas que diseñan sean seguras para vivir en ellas. También quieren que sean suficientemente fuertes como para durar muchos años.

¡A darle forma!

La mayoría de los arquitectos toman clases de arte y de diseño. Además, también deben saber **geometría**. Hay figuras por todas partes de tu casa—paredes rectangulares, armarios cuadrados con pomos redondos y un techo triangular. ¡Algunas ventanas hasta pueden tener forma de hexágono!

El arquitecto se reúne con los clientes para saber qué clase de casa desean. ¿Cuántos dormitorios necesitan? ¿Cuántos cuartos de baño? ¿Quieren una cocina grande? ¿Qué tal un ático? ¿O una piscina en el patio trasero? ¡Hay docenas—a veces, cientos—de decisiones que tomar! Muchas decisiones dependen de cuántas personas vayan a vivir en la casa.

Las decisiones también dependen del **presupuesto** del cliente. Esto es cuánto dinero quiere gastar.

▼ Unos obreros de construcción revisan un plano.

Cuidar los costos

La mayoría de los "extras" que las personas quieren en sus casas aumenta el costo de la construcción. Si el cliente quiere un baño más, significa que se necesitarán más tuberías. Además, significa otro inodoro, otro lavabo y otra ducha. El constructor suma todos los costos adicionales para que el cliente sepa cuánto dinero le costará la casa antes de comenzar a construirla.

El presupuesto del constructor

Elemento	Costo estimado	Cantidad	Costo total
Dormitorio 10' x 8'	$2,500	3	$7,500
Cocina 15' x 20'	$5,000	1	$5,000
Sala 10' x 15'	$4,000	1	$4,000
Baño 8' x 5'	$2,500	2	$5,000
Baño pequeño 8' x 4' (sin ducha o tina)	$1,800	1	$1,800
TOTAL			**$23,300**

▲ Un arquitecto crea un plano.

El arquitecto prepara un dibujo detallado. Esto se llama **plano**. Muestra cómo se verá la casa por dentro y por fuera. Muestra todo, desde las **vigas** que sostienen la casa hasta cómo funcionarán las tuberías. Los planos muestran las medidas de cada parte de la casa. Cada pared, puerta, ventana y armario tienen una medida exacta. Un solo error puede causar grandes problemas a los constructores.

Las casas en el mundo

Las casas tienen toda clase de formas y tamaños. En diferentes partes del mundo, se utilizan distintos materiales para construir las casas. En África mucha gente vive en chozas. En Mongolia, los pastores de ovejas viven en yurtas; son casas desarmables y transportables.

▲ una yurta

◄ una choza de barro

¿Por qué eran azules los planos?

Los planos, o planes de construcción, se inventaron alrededor del año 1800. Los planos se dibujaban en papel de calco. El dibujo se colocaba sobre un papel tratado con productos químicos. Se le colocaba debajo de una luz brillante, en una solución para revelado. El resultado era un papel azul con líneas blancas que mostraban el plano original. No se utilizaba tinta, de modo que el diseño no se podía correr ni desaparecer gradualmente. En la actualidad, la mayoría de los arquitectos crean sus planos en la computadora, por lo que ya no son azules.

Armar el equipo

Ahora es el momento en que empieza a trabajar un constructor o **contratista general**. Esta es la persona que contratará a todas las personas necesarias para construir la casa.

El equipo incluye un **topógrafo** y cimentadores. Hay plomeros y **electricistas**. Hay pintores y **paisajistas**. El trabajo del contratista general es mantener todo dentro de lo programado para que la casa se termine a tiempo.

El equipo de construcción

Muchas personas trabajan juntas para construir una casa. El contratista general supervisa a todos los trabajadores.

Contratista general

| Topógrafos | Cimentadores | Plomeros | Electricistas | Pintores | Paisajistas |

Contratar ayuda

El contratista general calcula cuánto costará cada trabajo. Quiere elegir personas que hagan un buen trabajo a un precio justo. El contratista general suma todos estos costos. Le ayudará a hacer un **cálculo** de cuánto le costará al cliente construir la casa.

Una de las primeras personas en el equipo es el topógrafo. El topógrafo hace un mapa de dónde comienza y termina la **propiedad**. Se colocan estacas de madera que marcan exactamente dónde se construirá la casa.

La topografía se estableció como profesión durante el Imperio Romano. Los topógrafos utilizan la geometría, la ingeniería, las matemáticas y la física para hacer su trabajo.

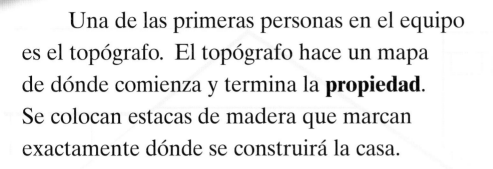

equipo de topografía moderno ➤

▲ un topógrafo haciendo su trabajo

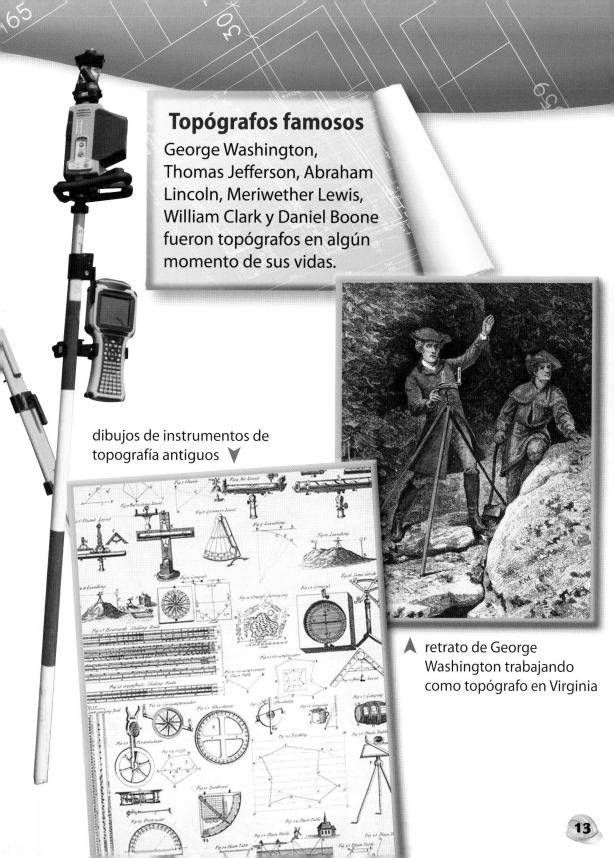

Topógrafos famosos

George Washington, Thomas Jefferson, Abraham Lincoln, Meriwether Lewis, William Clark y Daniel Boone fueron topógrafos en algún momento de sus vidas.

dibujos de instrumentos de topografía antiguos ▼

▲ retrato de George Washington trabajando como topógrafo en Virginia

Un cimiento fuerte

Llegó el momento para que una **excavadora** despeje el terreno. Los trabajadores excavan un agujero para los **cimientos**. Los cimientos son una de las partes más importantes de una casa. Sostienen el peso de la casa. Esto significa que los cimientos deben ser fuertes y durar mucho tiempo. ¡Algunas casas duran cientos de años!

Muchas casas se construyen sobre cimientos de bloques de **concreto**. Primero, el concreto se vuelca en zanjas alrededor de los

▲ Los trabajadores alisan el concreto después de volcarlo en las zanjas.

bordes de los cimientos. Esto crea la **zapata** de la casa. Ahora, cuando se vuelque el concreto para los cimientos, se secará con la forma correcta. Si la casa tiene un sótano, el material de los cimientos se volcará en un hoyo que tiene 8 pies de profundidad.

La diferencia entre concreto y cemento

El **cemento** se hace con piedra caliza molida y arcilla. Es uno de los cuatro ingredientes que componen el concreto. El concreto es una mezcla de cemento, grava, arena y agua.

▼ Volcar el concreto en los cimientos requiere paciencia.

◀ El tambor de este camión mezcla el concreto.

Las tuberías

¿Te preguntaste qué sucede cuando haces la descarga del inodoro? El agua y los desechos son succionados por el drenaje. Van a una planta de tratamiento de aguas servidas de la ciudad para su limpieza. O pueden ir a un **tanque séptico** debajo de la propiedad.

▲ Los tanques sépticos se colocan bajo tierra.

El equipo de plomeros conecta las tuberías de los baños, la cocina y el cuarto de lavado. Esto permite que el agua entre por las llaves de agua y salga por el lugar correcto.

¿Lo sabías?

Una familia promedio de cuatro personas en los Estados Unidos consume aproximadamente 400 galones de agua por día.

Respetar las normas

Los equipos de construcción tienen que seguir muchas reglas. Se llaman *códigos de construcción*. Por ejemplo, los plomeros sólo pueden usar tuberías con un tamaño de abertura, o **diámetro**, determinado. Las tuberías se deben colocar en ángulos específicos. Los plomeros deben seguir cientos de páginas de códigos.

Normas de seguridad

Los trabajadores de la construcción deben construir casas seguras. Deben tener en cuenta su propia seguridad. Mira esta lista de los elementos de seguridad:

- ropa reflectante
- cascos
- guantes
- gafas protectoras
- botas con punta de acero

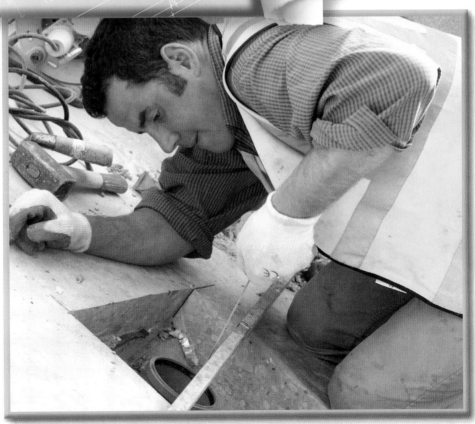

▲ Es necesario tomar medidas muy precisas para tener seguridad.

El armado de la casa

Es el momento en que ingresa el equipo de armado. Ellos construirán el piso sobre los cimientos. El piso está sostenido por tablas de madera, o **tirantes**. Los tirantes se pueden cortar de muchas medidas diferentes. Los que se usan para los pisos suelen tener 2 pulgadas de espesor por 10 pulgadas de ancho. Verás que también las llaman *2 por 10*, o *2 x 10*. Estos tirantes se recubren después con grandes placas de **contrachapado**.

constructores colocando un piso de madera

¡Plantemos árboles!

Construir una casa promedio requiere alrededor de 27,000 pies de madera. ¡Eso es casi cien árboles!

Es el momento de levantar las paredes exteriores. Los tirantes para las paredes suelen ser de 2 pulgadas de espesor por 4 pulgadas de ancho, y se les conoce como *2 por 4*. Se miden y se cortan las aberturas para las puertas y las ventanas.

Después es el momento de trabajar en el techo. Es muy importante tener un techo fuerte que dure mucho tiempo y no tenga goteras.

Antes los techos se construían a mano. Ahora, usan un **armazón del techo** prefabricado de madera. Se pueden conseguir de cualquier tamaño y se arman rápidamente. El equipo se asegura de dejar espacio para la chimenea.

Formas de techos

Si paseas por tu vecindario, verás muchas formas de techos diferentes. La mayoría de los techos están en ángulo. Esto es para que la lluvia corra por los lados y la nieve no pese sobre una superficie plana.

armazones de techo ➤

¡Vamos para arriba!

A veces se utiliza una **grúa** para levantar los armazones del techo y colocarlos encima de las paredes. Los armazones del techo se fijan a las paredes mediante pequeñas placas de metal. El techo se cubre de contrachapado y papel asfaltado. Luego, se sujetan las **tejas** mediante clavos.

Hay tejas de todas formas, tamaños, colores y materiales. ➤

El exterior

Entonces, ¿cómo debería verse la casa desde el exterior? Las opciones incluyen ladrillo, piedra y **estuco**. Algunas casas se construyen con paneles de vinilo. Estos se hacen con delgadas capas de plástico.

Se instalan las ventanas y las puertas. Si las medidas no son exactas, ¡los propietarios pueden encontrarse con una casa fría!

▼ piedra

▲ paneles
de vinilo

ladrillo ➤

▲ estuco

Cómo construir una casa ecológica

Muchos constructores se están volviendo ecológicos. Aquí verás algunas formas en que la construcción puede ser más ecológica.

Material	Para qué sirve
paneles solares	Se colocan en el techo. Utilizan la energía del sol para generar la electricidad que se usa en la casa.
turbinas de viento	Un sistema de energía eólica acumula energía cuando sopla el viento, y la transforma en electricidad.
inodoros de flujo reducido	Utilizan 1.6 galones en lugar de 7 galones por descarga.
lámparas fluorescentes compactas	Las lámparas fluorescentes compactas (CFL) consumen una cuarta parte de la electricidad de las lámparas tradicionales.
elementos reciclados	Algunos materiales, como el concreto y el vidrio, se vuelven a usar de formas nuevas.
pisos	Se utilizan bambú y alcornoque de crecimiento rápido, en lugar de pisos de maderas duras, que destruyen los bosques.

Las lámparas fluorescentes compactas son una manera fácil de tener un hogar ecológico. ➤

Este techo tiene paneles solares. Generan electricidad para la casa. ➤

Los obreros instalan un equipo de aire acondicionado.

Una electricista instala el cableado.

¡Enciende la luz!

Sin los electricistas, todos estaríamos a oscuras. Ellos instalan un sistema que envía la electricidad en forma segura a todas las habitaciones y **aparatos domésticos**. Los electricistas instalan todo el cableado, los tomacorrientes, los interruptores y la iluminación.

Otro equipo instala el sistema de calefacción y el de aire acondicionado. Esto mantendrá la casa fresca en el verano y cálida en el invierno.

Aislamiento

¿Alguna vez has visto algo esponjoso y de color rosado en una obra en construcción? Puede parecer algodón de azúcar, ¡pero no lo es! Es material de **aislamiento**. Se adhiere a las paredes por dentro para evitar que el calor se escape por las paredes y el cielorraso. El aislamiento reduce los costos de calefacción y refrigeración.

Toques finales

La casa puede parecer casi completa desde el exterior. Pero, en el interior, todavía se ve como una obra en construcción hasta que se colocan los **paneles de yeso**. Estas son placas anchas y delgadas que cubren las paredes. Una vez pulidas, es momento de pintarlas. Cada habitación puede tener un color diferente.

Después se colocan las alfombras, las baldosas u otro tipo de pisos. Se instalan los armarios de la cocina y los baños. También las encimeras, los inodoros, los lavabos y las duchas. Se conectan los aparatos domésticos, como el refrigerador y el horno.

La mayoría de las veces, las paredes se pintan de blanco. Esto facilita a los dueños agregar sus colores favoritos más adelante. ¡Esta familia prefiere el verde! ➤

El pedido del revestimiento del piso

El equipo necesita calcular cuánto revestimiento debe pedir para el piso de un dormitorio. Deben calcular el área del espacio. Multiplican la longitud de dos paredes contiguas. Una pared tiene 8 pies de largo, y la otra, 14 pies de largo. Para hallar el área, multiplican esos dos números: 8 x 14 = 112. El área de la habitación es 112 pies cuadrados.

8 pies

14 pies

Los paisajistas diseñan el césped y plantan los árboles. Se pueden colocar **paneles de césped** en el patio. En el interior de la casa, se clavan los zócalos alrededor de las puertas. Se colocan las tapas sobre los interruptores eléctricos y los tomacorrientes. Se fijan los pomos en los armarios mediante tornillos.

Un inspector revisa la casa. Hace una lista de los problemas que deben resolverse antes de que el proyecto esté terminado.

Un paisajista mide el terreno.

▼ Un paisajista planta flores.

Un paisajista coloca un rollo de césped en paneles. ➤

▲ Una familia disfruta de su nuevo hogar.

Como puedes ver, las matemáticas son una habilidad importante que se usa en la construcción de casas. Se utilizan en cada paso del proceso, desde el primer boceto hasta el último clavo que se martilla.

También puedes ver que se necesita que muchas personas trabajen juntas para construir una casa. Pero, para convertirla en un hogar, ¡es necesaria una familia!

Glosario

aislamiento—un material que se utiliza para evitar la pérdida de calor

aparatos domésticos—los artefactos del hogar que funcionan con gas o electricidad

armazón del techo—la estructura triangular que forma el techo de una casa

arquitecto—la persona que diseña edificios, casas, puentes, entre otras cosas

cálculo—una aproximación cuidadosa acerca de la cantidad, el tamaño o el costo de algo

cemento—un polvo hecho de arcilla y piedra caliza que se endurece con agua

cimiento—la base sobre la que se construye una casa

concreto—un material de construcción hecho de cemento, arena, grava y agua

contrachapado—las tablas fuertes hechas con finas capas de madera prensada y pegada

contratista general—la persona que contrata a otros para la construcción de edificios

diámetro—lo ancho de círculos, esferas y cilindros

electricistas—las personas que instalan o reparan equipos eléctricos

estuco—un material que se utiliza para cubrir y decorar paredes

excavadora—una gran máquina que se usa para despejar el terreno

geometría—el área de las matemáticas que estudia las figuras y los objetos

grúa—una máquina alta que eleva objetos pesados para colocarlos en su lugar

paisajistas—las personas que diseñan cómo se verá la tierra alrededor de una casa

panel de yeso—un recubrimiento de pared comprimido entre dos gruesas hojas de papel

paneles de césped—una capa de tierra con hierba

plano—un dibujo detallado que muestra cómo será la casa por dentro y por fuera

presupuesto—una cantidad de dinero para gastar durante un período o para un propósito determinado

propiedad—la extensión de terreno

tanque séptico—el tanque subterráneo que contiene material de desecho

tejas—las piezas de material que se colocan en capas superpuestas para cubrir el techo

tirantes—los troncos cortados en placas o vigas para uso en la construcción

topógrafo—la persona que determina las distancias y los ángulos entre diferentes puntos

vigas—los trozos de madera, o metal fuertes y largos, que se usan para sostener pisos, cielorrasos y techos

zapata—apoyo de un edificio u otra estructura

Índice

Acerca de la autora

Lisa Greathouse creció en Brooklyn, Nueva York, y se graduó de la Universidad Estatal de Nueva York en Albany con un título en Inglés y Periodismo. Trabajó como periodista, escritora y editora para Associated Press por 10 años. Cubría noticias sobre todos los temas, desde ciencia y tecnología hasta negocios y política. También fue editora de una revista y escritora de publicaciones sobre educación y del sitio web de una universidad. En la actualidad, trabaja como escritora en Disneyland Resort, donde supervisa una revista para los empleados. En su tiempo libre, le gusta visitar al ratón Mickey y subirse a la montaña rusa Space Mountain. Está casada, tiene dos hijos y vive en el sur de California.

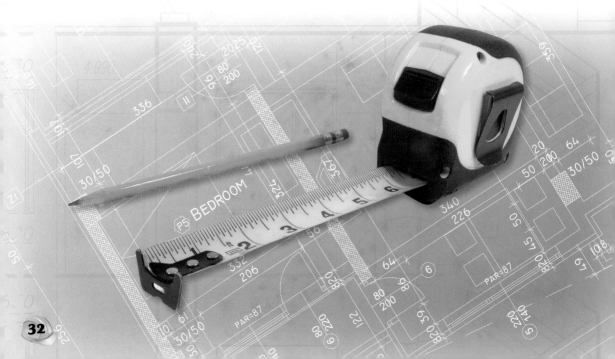